구성열의 시모음

50 POEMS …
By Sungyull Koo

"뽈레 뽈레 III" Pole Pole III

THELIBERTYWALK.ORG   625FOUNDATION.ORG

인사말

가끔 뽈레뽈레가 무슨 뜻이냐 묻는 분들이 계십니다.
전 다들 아시는 줄 알았는데, 죄송합니다.

2016 년 Kilimanjaro 오를 때 제 가이드 Augustine 이 매일 산길 오르며 뽈레뽈레 (pole pole) 했지요. 탄자니아 말 스와힐리로 천천이라는 뜻입니다. Augustine 따라 지팡이 들고 뽀올레 뽀올레, 천천이 천천이 하며 Kilimanjaro 꼭대기까지 올라갔지요. 그 이후 전 이 뜻이 걸음 뿐이 아니고 생활을, 나날을 서둘지 않고 천천이 라는 걸 배웠습니다. 천천이 하니 더 많은 일을 할 수 있는 걸 배웠습니다. 서울에서 자라고 뉴욕에서 바쁘게 55 년을 산 저에게는 큰 변화였지요. 그 이후 뽀올레 뽀올레 하며 생각도 못했던 시집까지 낼 수 있어 반갑고, 성원해주신 친구들께 감사드립니다.

이 해 내내 초등학교들 찾아다니느라 시간과 정신이 없어 재단 모금으로 내보려는 시집이 갈팡질팡이 됐지만, 얼마전 이태리 여행 갔다 지나친 교회들을 그린 삽화를 더해 끝낼 수 있어서 기쁩니다. 시간 나시면, 이태리 가셨을 때 교회에 있는 Botticelli, Titian, Tintoretto, Rafael, Michelangelo, Fran Angelico, Giotto, Lippi, Perugino, Caravaggio 등등 수많은 대가들의 작품과 찬란하고 정교한 mosaic 을 보실 수 있습니다.

이해 성탄까지 단편 short story 와 여행기를 준비해 재단기금 마련하려 뽀올레 뽀올레 하며 노력하고 있습니다.

즐거운 추억을 많이 만드시기 바라며, 재단사업을 위해 변변치 못한 시집을 사주시는 모든 분들께 깊은 감사드립니다.

구성열 드림

구창화 구성열 1.19.2023
Shendi, SUDAN

3rd Cataract 1.16.2023
SUDAN

안 의사

안중근 의사님 뵈러,
남산에 오르니,
윤동주 친가에서 만난 까치 한 쌍
반갑게 맞아준다.

글 하나하나에 가슴이 물컹 물컹.
독립 자유 자주 평등,
우리의 염원들이 아닌가?
의사님이 바라시던 소원 성취 됐으니,
우리 목숨걸고 지키자.

서울 타워 계단이 보인다.
여차 여차.
여차 여차.

백제

낙화암에 올라,
삼천궁녀들의 혼을 달래고,
사자루에서,
백제의 복수를 다짐하니,
백마강 물줄기,
파도가 넘친다.

세월호의 봄

수양버들 머리 숙이고, 눈을 적신다.
개나리들 차마 남쪽으로, 얼굴을 향하지 못한다.
남산에 진달래들, 장안을 내려다보며,
"당신네들," 하며, 한탄한다.

수선화 혼자 얼굴들고, 어린 영혼들을 위로하며,
잘들가라, 손짓한다.

단뉴브 강

어찌 이 먼나라를 찾아와, 물귀신들이 되셨나?
Black Forest 에서 아름다운 Vienna, Budapest, Bratislava, Belgrade 를 지나,
Black Sea 까지 흐르는 Blue Danube 에 오셔서,
왜 애처럽게들 가셨나?
한 꼬마까지.

내 오늘 당신들의 영혼을 위로하며 한잔 따르오.
Hadrian 이 지키던 Budapest,
Liszt 의 Budapest,
오십만의 유태인이 희생을 당하고,
자유를 찾아 쏘련군과 싸우며 숨겨간 2,500 의 민주용사들이 순사한 Budapest.
언젠가는 다 가야하는 목숨들이기에
이 곳 잘 선택하신 것 같소.

Franz Joseph 왕이 Budapest 용사의 광장을 열며,
"용서하고 잊으라." 했으니
다 잊으시고 Strauss 음악에 맞춰
아름다운 성곽에 올라 월츠하며 편히들 계시오.
언제 찾아 뵈오리다.

Basilica di
San Lorenzo
2-21-24

다마스커스

알파벨 도시,
씰크로드 도시,
문명 문화의 교차점,
오랜 건축과, 예술과, 믿음의 도시,
다마스커스.

사울이 눈을 뜨고
세례요한이 우마얏 모스크에 안장되어 있는 도시,
다마스커스.

여기에 알파벨 연구소 열고 운영한지가 벌써 18 년.
연구 결과로 특허도 내고, 상품도 내보고, 여행도 하고.

그러다,
미움과 시기와 질투와 증오가 주먹밥이 되,
질서는 무너지고 서로 무차별 학살하기가 벌써 오 년.
잘들 지내던 사람끼리
목을 베고, 폭탄 던지고,

오늘 우리 직원의 식구가 하나 죽어갔다.
빵 얻고 집으로 가는 길에 유도탄이.
그 오래 잘들 피해 왔는데....

평상에 앉아 하늘 쳐다보니
전쟁속에서 살아야하는 다마스커스 친구들 얼굴들만 보인다.
세계 평화를 찾으며 같이 일하자고들 모였는데
언제 끝이 오나?

내 지팽이 Kili

Kili 는 내 지팽이, 어디든 쫓아온다.
Uptown 에서 Downtown 으로,
집에서 K-Town 으로,
이 마을에서 저 마을로.
목자의 튼튼한 지팽이,
소들 치는 목동의 단단한 지팽이.

킬리만자로 오를 때 써준 친구들과 아내의 글들,
이제 다 지워졌지만,
힘들 때 마다 읽으며 용기를 내곤했지.
지금도 힘빠지면 글의 흔적들이 힘을 내준다.

이놈이 날 가끔 울먹 거리게도 하지.
지하철, 뻐스에서 젊은이들이 자리를 내줄 때,
암만 사양해도.
그 친절들 함에 글썽해질 수 밖에.

이 Kili 가 한국에 쫓아오겠단다.
박달재, 태백산 가본다고.
조금 걱정이 되지만,
혹시 한국 젊은이들은 자리 안내줄까 봐.
그런 일은 없겠지?

네팔을 떠나 다시 인도로 향하며,
눈에 덮인 히말라야 봉우리들 보니 웬지 지팽이 생각이 났다.

Porch

시골집 적은 porch 를 고치고싶어,
아내가 스케치에 스케치 해보고,
견적에 견적도 받아보다,
코로나로 시골집에 피난와 있으면서,
동내 목수 Matthew 와 해보자고 손을 댔는데,
웬걸,
구석 축대가 썩은게 발견되 큰 공사를 치렀다.
덕택에 옛날집 튼튼히 됐고, 애들도 많이 좋아해 기쁘다.

동내 사람들이 어떻게 루퍼트로 왔느냐, 자주 물어본다.
"215 년된 썩어빠진 집이지만 역사가 있는 집이니 살려보라고
하나님께서 보내신 것 같다."
이리 대답해주면 모두 좋아한다.

겨울

수북이 쌓인 새벽 눈 위에 동물 발자국들.
씨 뿌려 주니 어디에들 있다 왔는지,
이 새 저 새들 몰려와 쫘 먹고.

눈 위에 둥그렇게,
나뭇가지 모아 불 지피고,
따끈한 사이다 한 잔 쭈우욱 마시니,
오늘이 동지섣달 그믐이네.

내일 설날엔,
모진 북풍을 뚫고 해가 나와 주었으면.

Japanese

아끼고 아끼던 앵두나무 두 구루
어릴 때 부터 일본 풍뎅이 들에게
시달리고 시달리다 세상들 떠났구나.
한 번도 달고 싱싱한 열매 맺지못해보고

앙상히 죽은 가지들 짤라주니
무슨 자코마티 조각 같이 되
성탄 때 화려하게 장식해줘
그 투쟁 위로 해준다.

6년 전 심은 Japanese Dogwood 은
죽었다 살았다 몇번 몇번 하더니
지난 겨울 비료 주고 덮어줬더니
휘황 찬란한 꽃이 나왔다.
고맙습니다.

나라의 외교도 마찬가지 아닌가?
감정과 무지로 몇 남지 않은 우방들 소월 해지니
뉴스 볼 때 마다 시무룩 해지네.

정성과 인내로 꽃을 기다리는 삶
떠나간 앵두나무 버리지 않는 노력.
나무 가꾸 듯
목적과 인내심을 배울 수 없을까?

어린 사슴

영세네와 갔었던 유난지방의 낙시민족 음악 들으며
오늘 오후 만난 어린 사슴 생각 해본다.

West Pawlet 에 들어서는데
꼬마 사슴 내 차를 보더니 깜짝놀라
길 가운데에서 꼼짝 옴짝 못하고
엄마 사슴은 길 옆에서 어쩌지 하고 움직이지도 못한다.
차를 세워주니
그 때야 엄마한테 뛰어간다.
둘이 숲 안으로 몇 발짝 들어가더니
엄마 사슴이 물끄러미 나를 돌아본다.
감사합니다 모습

글쎄다.
여우, coyote,
거기에다 지나는 차들과 포수들까지
잘 살아 갈수 있을까?
또 걱정이 하나 더 늘었다.

떠난 한규

광에 앉아 문 열어 놓고 푸른 하늘 쳐다본다.
봄바람에 밀려 가는 흰 구름 본다.
봉오리들 내놓으려는 나무 가지들을 바라본다.

조그만 화단 자기 거라고,
부지런히 갈고 있는 아내를 내다본다.

석굴암에서 얻어 온 음악 들으며,
광에 앉아 문 활짝 열고,
푸른 하늘 쳐다보니
항상 미소를 잃지 않던 동무
먼저 하늘나라로 떠난 한규가 생각난다.

가을

노란 잎사귀들
함박눈 가루모양 여기저기 조용히들 내려온다.
모든게 조용하다.
새들도 조용하고
구름도 제자리.
떠난다는 여름이 조용하다.

시장 아줌마

둥실둥실한 광장시장 아줌마
뜨거운 물에 라면 넣고
달걀 따로 풀어 거이 익어갈 때 넣어
젓고 젓고 정성스레 내준다.

라면이 이렇게 맛있을 수가 있나?

상냥한 인왕시장 아줌마
나 생선 한마리줘요!
건너편 아저씨 싱싱한 생선 가져오니
아줌마 회 만들고, 매운탕 끓인다.

나도 질세라
소주 한잔 따라
주욱 드리킨다.

서울, 또 가구싶다.

2006 봄

Eddie 제안으로 Eddie, Jennifer, 창화 와 나,
2005 년 추운 1 월독일에 가서 차 찾아 유럽을 빙빙돌다 가져온 내 BMW M5 타고,
넷이서 Nova Scotia 로 향했다. 며칠 구경하구 golf 도 치려고.
Yarmouth 에 도착해 점심먹으려 Rudders Pub 에 들어가니
모두 일어나 박수친다. 난 아니겠지? 하하

학키 선수였던 Eddie 는 Bobby Orr 하고 컴비가 되 Boston Bruins 로 날렸고,
Bill Torrey 가 데려와 NY Islander 의 Captain 으로
Stanley Cup 을 연속으로 4 번 이길 때 활약했다.
Eddie, Bill, 둘 다 나의 40 년 꼴푸 친구들이다.

다음 날 Nova Scotia golf 는 짙은 안개로 못 치고 일찍 나와
신호등에서 기다리는데 한 젊은 친구가 부릉부릉하며 옆에 와 경주하자는 눈치다.
질 수는 없잖아?
M5 와 American Muscle Car, 신호가 초록! 부릉 부릉, 핑~ 🚐🚐 누가 이겼을까?

닷새 동안 매일 아침 안개 때문에 golf 는 치지도 못하구 덕택에 Ann of Green
Gable 까지 가서 Ann 방두 구경하구, Ann Murray 집두 구경하구.
카나다 마지막 타운 St. Andrew's 에서 하루밤 자구 뉴욕으로 오는데.
오늘 잘 먹자구 Maine 주 Freeport 에서 점심은 lobster roll, 232 마일. 저녁은
만하탄 SD26 에서 이태리음식, 338 마일. 10 시간 거리, 7 시간 운전하면서 세끼
먹었다.
M5 덕택에.

Bill 은 세상 떠났고, Eddie 와는 만날 때 마다 이야기하는 즐거운 추억이다.

Island Near Burano
2.26.24

Driving Gloves

난 항상 운전장갑이 있다.
차는 없어도 운전장갑은 있다.

장갑 끼고 긴 먼지 내며 사막길을 달린다.
지중해 연안 꼬불길, 기아 올렸다 내렸다,
붕붕하며 달린다.
호로 베끼고, 깔치 끼고, Gauloises 한 대 물고.

한번은 이태리, 차보다 좁은 시골 마을길
한번은 눈이 쌓인 알푸스
영국에서는 왼쪽으로
호로 베끼고, 깔치 끼고, Gauloises 한 대 물고.

Nat King Cole 의 Get Your Kicks 들으며
Route 66 달린다.
호로 베끼고, 깔치 끼고, Gauloises 한 대 물고.

차는 없지만 운전장갑은 항상 있으니
얼마든지 달린다.
호로 베끼고, 깔치 끼고, Gauloises 한 대 물고.

내일은 어디로 달릴까?

1965 년

PIAZZA POPOLO 7-24-22

Christmas

몇 일 동안 안개와 비에 날씨가 계속 흐리더니
성탄 전야가 되니 구름이 떠나고 활짝 보름달이 떴다.
손자와 손잡고 성탄예배 보러 교회로 걷는데
보름달이 계속 따라와
예루살렘에서 아내 손잡고
Holy Family 베들레헴 길 걸은 생각난다.

힘들고 더 힘들어지는 세상이지만
아기예수 생일만이래도 세상사람들
평화와 웃음을 찾을 수 있으면 하며
친구들과 가족들에게 성탄 축하를 기원한다.

시리아에도 평화가 왔으면.
예루살렘에도 평화가왔으면.

Peace on Earth.

폭풍

자다 갑자기 외등이 켜 있나 밖을 내다보니 환한 달이 솟아 있다.
짱구보름달이다.
가만있자. 추석?
링링이 남서해를 휩쓸고가 남해 어장, 전라 충청 과수원 박살당한
어부, 농부들 한테 무슨 추석이 될까 염려된다.

도리안에 근 천명까지 죽었을수 있겠다는 바하마는?
우리 신혼 때 자주 가던 곳인데.
열대어들 이곳만큼 이쁜데가 없는데 어찌들 됐을까?

일찍 일어나게해준 짱구보름달에게 고맙다 하며
책상앞에 앉았지만 어쩐지 남들 생각에 일손이 안잡힌다.

몇푼이래도 아침에 구조금 보내자.

9.13.2019 2:27 a.m.

Dying

What is death?
So many meaningless deaths
Goya's depiction of a young man dying in a duel,
Embraced by his weeping lover.
Is this a meaningful death?
No, that is a romantic death.
What makes a meaningful death?
Is it important?
In what sense and to whose benefit?
Meaningful death is then a meaningful life.

Blue day

Blue bird
Bluejay
Blue sky
Blue Moon Belgian White
And the blues of Samarkand.
What's not blue?
Me.
I am not.

베니스

길바닥은 홍수
날씨는 쌀쌀
비는 주룩주룩
그래도 좋다.
여기가 베니스니까.

동지

After this Yaldā Night
Let the Darkness go,
Ring in the Peace for the Iranian People.

After this Yaldā Night
Let the Friendship begin,
For America and Iran.

After this Yaldā Night,
Let the Harmony set in,
For All Korean People, North and South.

> Human beings are members of a whole,
> In creation of one essence and soul.
>
> If one member is afflicted with pain,
> Other members uneasy will remain.
>
> If you have no sympathy for human pain,
> The name of human you cannot retain.
> —Saadi

사 월의 빠리

엇저녁부터 눈이 잔뜩 와
깊은 눈위엔 동물들 발자국들 이리저리.
사 월이 다 되오니 마지막 눈 이겠지?

사 월, 사 월은 빠리.
실지든지 그림에 그리든지
사 월은 빠리.

꺄페, 꺄페, 꺄페
멋 있는 행인들.
끝없는 예술품.
아름다운 길, 건물들
쎄느강, 에펠탑.
못 알아듣는 불어.
훈이 데뷰한 Bastille Opera
그래 사 월이 오면 빠리.

또 가봤으면,
언제 코로나 없어지나?

서울에서 하루

오늘은 일월 팔일. 엄마 생일이다.
이제는 기억력이 없으시지만 옆에 앉아 손 꽉 잡아드리면 알아보신다.
창화와 둘이서 아줌마와 함께 엄마 모시고 출출이 지냈다.
아침에 낙원동에 가서 떡을 사고,
호텔에서 훌륭한 케익을 만들어 100 세 되신 어머니께 드리는 선물,
케익 맛있다고 한쪽을 다 드셨다.

오후에는 노량진 수산시장에가 큰 게를 사 미자네서 삶아,
거동 힘드셔 팔당요양원에 계시는 창화 오빠께 가져다 드리니
너무 좋아하셔 마음이 뿌듯했다.
오빠 김창익 씨는 경기 대 선배이시기도 하다.

서울에 하루.

코로나 쿼런틴

집에 있는 테레비 둘 다 켜있지만 보는 건 없다.
읽구싶은 책들 방마다 있지만 하나도 못 끝냈다.
감자칩, 옥수수칩, 붕어칩 방마다 있지만 손이 안간다.
의자들 방마다 있지만 안절 부절이다.
밖에 차가 두대나 있지만 갈데도 없다.
쏘세지, 문어, 오징어, 치즈 쌓아놨지만 땡기지 않는다.
쏘주, 정종, 포도주, 이거저거 하다 한잔도 못 마신다.
이 방 저 방 컴퓨터 켜놨지만 일손도 안잡힌다.
낮잠 자보려 하지만 시간이 아까와 그것도 못한다.

강아지 날 쳐다보며
"오늘이 어제야 내일이야?"
"글쎄다." 하니
에이 잠이나 자자 하며 들어 눕는다.
부럽다.

고향의 그림

비가 오는 어느 날 새벽에 고향이 생각난다.

차도 행인도 없는 Madison Avenue,
사람 없이 조용한 Long Island 나루터
비 맞으며 외롭게 서있는 green 위에 깃발
모두 옛 기억을 돌이켜준다.

그 옛날
비 맞으며 시골 절간을 찾은 후
젖은 옷 말리려 다방에 들리니
얌전이 차를 주던 레지,
그녀의 쓸쓸했던 모습.

그 이뻤던 레지, 왜 쓸쓸 했을까?
서울길 가보고 싶었을까?
아니면 실연을 했었을까?
이름이 뭐였을까?
물어볼걸.

비오는 새벽, 종종 고향의 그림들이 생각난다.
.

꼬마들

조용하던 집이 바빠졌다.
꼬마들이 와 이리 뛰고 저리 뛰고
그래도 아랑곳 안하고 저 앞에서
뭔 지 집어먹으며
유유히 걷는 터키들
뭘 주워먹지?

숨두 못쉬게 종일 꽉 누루고 있던 습기
늦은 오후 산들바람에 밀려 멀리 떠나가고
상쾌한 여름 저녁이 찾아왔다.

꼬마들은 아직 놀기에 바쁘고
난 저녁할 준비.
오늘은 뭘 해줄까?

여름과 꼬마들, 둘은 떼놓수 없다.
마치 개울물과 닭죽같이?
아니면 정치꾼과 와이로? 하하.
오화백과 색깔!
새로 내린 눈과 눈사람이 적합하겠군.

잠자리채 들고 뛴 때 생각하며 저녁 불을 지핀다.

Rupert

Once I dreamt of walking to the Pacific.
Walk over the George Washington Bridge,
Into the hills of New Jersey,
Visit Arnie in Latrobe,
See a Penguins game in Pittsburg,
Enjoy a steak in Chicago,
Then follow 66 to the Pacific.

Now my body is wrinkled,
Can only walk 10 miles a day.
Abandoned I console me.
There is no better place than Rupert.
There is no cleaner air and stream.
There is no friendlier people.
And,
There is no spring, summer, fall and winter like in Rupert.

Once I thought of walking to the Pacific.
Long long ago.

Colors

Kandinsky, Matisse, Armani, Etro.
다들 봄사람들.
Purple, yellow, beige, white, redish, pinkish,
이사람들의 색들,
봄 새들과 꽃들 보고 그리고 디자인했을까?

The colors of spring, some say, are the shortest lived.
For me they are the longest lasting.
Creation takes time.
Planning and design take the longest.

해바라기

뙤약볕 아래서 씩씩하게 자라는 해바라기 대들 쳐다본다.
코끼리 귀 같은 큰 잎사귀들 달고
폭풍 바람에 쓰러지지 않고
쑥쑥 자란다.

흰 옷에 곡괭이 메고
일 마다하지 않는 농부들 같이
마치 조국의 얼을 높이려는지
모진 바람에 쓰러지지 않고
뙤약볕 아래서 씩씩하게 자라는
해바라기 대들 쳐다본다.

머지 않아 큰 꽃들이 반겨 주겠지?

Covid Lockdown

Covid lockdown is well into the third month, what do I miss?
I miss The Dead Poet,
   An Irish bar I frequented with Youngsoh.
I miss the travels.
   I should be far and away sampling Madrid tartars or Seoul hotpots.
I miss my Club.
   Golf and friends and hash breakfast and Southsides.
I miss the museums.
   Just being there always makes me happy. Their martini is not bad either.
I miss Masseria's golden fried calamari.
   And my friend bartender Justin.
I miss Armani's chilled Gibson.
   Elite vodka is the best.
I miss hanging out with friends drinking single malt.
Most of all I miss the city, the scape, the energy, and the people.
Just being in it.

But I live a country life now.
A life I am getting used to.
Hummingbirds, yellow birds, bluebirds, orioles and cardinals, streams, trees, grass, flowers of all kinds, turkeys, foxes and even the woodchucks.
Wish I could stay here for good.
After 50 years in Manhattan, isn't it time to say bye?

May 21, the Pandemic Year

잎사귀 둘

타나 호수아래 Tis Issat 폭포위에서 잎사귀 하나 따
이름을 오나라 부르고 띄운다.
빅토리아 호수아래 Murchison 폭포위에서 잎사귀 하나 따
이름을 로즈라 부르고 띄운다.
오나는 Blue Nile 을 타고,
로즈는 알버트 호수지나 White Nile 강 타고내려와,
둘이 카르툼에서 만나

쿠쉬 왕국을 지나고
6 번째 폭포 지나 메로
5 번째 폭포 지나 나파타.
세번째 폭포에서 우리한테 손들 흔들고
Jebel Barkal 을 뒤로하고 아부심벨에 도착해 천천이 애급 구경하면서
지중해로 간다.

혹시 알아?
둘이서 손잡고 뉴욕항구
자유의 여신상까지 올까?

늦은 봄

천천이 찾아오는 늦은 봄,
깨스 값이 비싸서 걸어오시나?
떠나지 않는 회색 구름들 때문일까?
봄맞이하는 즐거운 마음은 언제 올까?
갑자기 세상 떠난 친구, 몸이 아픈 친구들 때문일까?
갑작스런 추위에 피지도 못한 채 떨어져버린 목련 꽃봉오리들 때문일까?
아니면 공산당의 만행이 재현되는 우크라이나 때문일까?

아는 지 모르는 지 닭들은 낙엽더미 파헤치며
벌레 잡기에 바쁘고,
새들은 씨 먹기에 바쁘기 만하다.
자 그럼 나도 밭 가는 아내 도우며
파랑새 오구, 노랑 민들레와 산마늘 나올 때 기다리자.

그 때면 즐겁게 봄맞이할 수 있겠지?
그 때면 몸 아픈 친구들도 완쾌되겠지?
그 때면 우크라이나에도 봄이 찾아오겠지?

4 월 13 일

추억

이스탄불 공항에 앉아 Walkman 속에 잔뜩 준비한 사랑노래들을 듣던 생각이 난다.
죽기야 하겠으랴만 생소한 나라 Syria 에 가면서 혹시 내게 무슨 일 생기면
노래 들으며 아내 생각해보겠다구 Walkman 속에 잔뜩 집어넣었었지.

요새는 iPhone 이 있어 Walkman tape 도 필요 없다.
좋아하는 노래들을 playlist 에 하나씩 모았는데
이젠 끝까지 들으려면 근 8 시간이 걸린다.

먼 길 가면서 틀면 노래 하나하나가 지나간 날 추억을 가져온다.
전축판 같이 처음부터 시작이 아니라 shuffle 로 하면 다음은 어떤 노래가 나올지,
어떤 추억을 가져올지 모르면서 듣는다.
까맣게 잊은 추억들을. 바보같을 때의 추억들, 재미있었던 추억들, 용감했을 때의 나,
뭐가뭔지 몰랐을 때의 나, 행복했을 때, 슬펐을 때도.

마음 같아선 지워버리고 싶은 추억도 있지만 서로들 얽히고 꼬여 맘대로 안 된다.
지나간 인생 내 맘대로 주물러 좋게 만 만들 수 없지.
그렇게 시간 날 때 마다 노래 들으며 지나간 추억을 즐긴다.

판데믹 생일

할아버지 78 번째 생일이라고
커네티컽에서
부루크린에서
먼 길 손녀들이 찾아왔다.
장갑, 양말, 시, 또 네살백이 꼬마가 그리고 쓴 생일카드와 지가 짠 팔찌 들고.

사슴 등심고기와 달걀 아침 후
등산길로 올랐다.
가시나무 피해
돌담들 넘고
개울들 건너
오르락 내리락하며 독수리 나무까지.

번개 맞아 죽은 고목이 날개 펴고, 찾아가면 '우엉' 해준다.
독수리가 '우엉' 하던가?
돌아올 때는 내가 파고 만들어준
꼬마들 연못에서 놀며 떠나지를 않는다.
때 마침 청명하고 춥지 않은 초겨울 날씨
난 풀 위에 누워 없는 구름 찾는다.

만물의 조화

민들레가 나왔다.
이름도 모르는 쪼밀쪼밀한 보라꽃들 앞으로
아름다운 자연의 선물
이상기온이라 걱정했지만
자연을 믿으라고
안심해도 된다고

노란 민들래들이 얼굴들을 내밀었다.
빨리 조바심 덜어줄려고
잎사귀도 없이 얼굴들 만 내밀었다.
이름도 모루는 쪼밀쪼밀한 보라꽃들 앞으로.

이제 파랑새들도 오겠지?
이제 꿀벌들도 오겠지?

첫눈

감사절 지나자 첫눈이 내렸다.
눈이라기보다는 폭설이다.
잠자는 동안 세상이 흰색이 되버렸다.
소나무들 가지마다 눈이 소복히 앉았다.

경치가 너무 이뻐 눈치우기가 미안하다.
구경하고 있는데 집사람이 갑자기,
"어마, 밤나무 좀 봐요!"
내다 보니 좀 쓰러진거 같아 깊은 눈속으로 부랴부랴 가봤더니
아직 떨어지지 않은 잎사귀들 위에 눈이 잔뜩 내려 그 무게가 벅찼는지
가운데 큰 가지가 부러져 대롱대롱하고있다.
맙소사.
10 년 동안 애껴 기른 밤나무, 이해에 잎사귀들 많이 나와 은근이 밤이 나올까 기대했는데.
쌍으로 심은 또 한 그루는 아직도 꼬마구.
어쩌지?
이제 넘어진 가지는 쳐주고 반 밖에 안남은 밤나무 다시 살려 보자.
살아날까?

파랑새

새집 깨끗이 씻고 달아주니
파랑새 부부가 와 보금자리 마련한다.
조심스러워 가까이도 못 가고 쳐다만 보는데,
알을 품었는지
아빠 파랭이 왔다갔다하며
부지런히엄마 파랭이에게 음식 날라다준다.

작년에는 잠잠 하더니 파랑새들
다시 찾아주어 기쁘다.

전쟁들이 끝나는 좋은 해가 되려나?
기다려보자.
.

The Holy Land

Sailed the Sea of Galilee.
Ate the holy fish St Peters as Jesus did.
Prayed in Capernaum and Tiberius.
Saw the Mount of Temptation.
Swam in the Dead Sea.
Walked from Jerusalem to Bethlehem as the Holy Family did.
Remembered Jesus on the Steps of Via Dolorosa time after time.
The Holy Land.

A bus load of Swedish tourists come to the Dead Sea.
They see a man fishing on the shore. The man is busy changing baits, checking his catch in his basket. A Swedish man became very curious. He approaches the fisherman and asks,
"What are you catching? Can I see your catch?"
"It has been a very difficult day. A few Shekels, Sir?"
"Gladly!" The Swede says.
"What about them?" By this time all from the bus are watching to see the precious fish from the dead Sea.
"I'll gladly pay for them."
"Now what's the catch?"
The fisherman looks at him, with a thin smile.
"You are, Sir."

A Dead Sea Story

소나기

앞마당에 앉아있으니
청명한 하늘에 따뜻한 해와 기웃거리는 구름 조각들,
좀 더 있으니 저쪽 동네위로 검은 구름이 끼고 천둥소리.
흠 소나기 오나 했더니 감감 무소식.
점심 먹으러 갔나?

우리도 점심 먹고 옥수수 심으러 나오니
해는 가시고 하늘은 구름으로 잔뜩 덮였다.
정말 비가 오려나?

재미로 비잔틴 십자가 모양 밭을 갈고
가운데는 하늘까지 치솟는 잉카 옥수수 심고
가장자리 십자가에는 낮은 옥수수를 심자 마자
구름은 까매지고 천둥이 울린다.
물 안줘도 되겠다.

자 이제 옥수수들이 자라면 킬리만자로 같은 산이 되겠지?
아내는 십자가들 구석에 호박을 심겠단다.
그럼 무슨 모양이 될까?

왕 모기 두 마리가 눈앞에서 춤들 춘다.
만물이 번식을 해야하는 계절.
모기들도.
번개 치기 전에 들어가 매운탕 끓이고
소주 들고나와
비 구경하자.

43

가을

가을이다.
미국땅,
돌고 돌아다니다 집에오니
가을이 됐다.

땅에는 코스모스와 백일홍 이쁘게 피고
그 위엔 오만가지색 단풍들
더 위엔 파란 하늘
저 옆집 소들 뭐가 부족한지, 움메
이 옆집 염소들은 덩달아, 메에 메애
거위들도 꽉꽉.

오늘밤엔 서리가 온데니
참 짧은 가을이구나
졸지 말고 밤새 모닥불 지피며
가을 지내자

친구에게

어제 뉴욕으로 돌아오며
매년 이맘 때면 듣는 story,
Camel boy 가 귀한 Robe 로 마구간에서 떨고 있는
아기예수를 싸아준 예기,
Hafiz 와 Saul 이 만나는 이야기,
항상 눈물이 나오지.

수염은 허예지며
Golf 거리는 짧아지고
느는 건 주름살 뿐

그러나 아름다움 즐길 수 있는 마음은
더욱 더 넓어지니
어디 늙는 게 섭섭하다 하겠소?

기쁜 생일 잘 지내시오.

새해

세월이 가니
마지막도 자주 생긴다.

또 와 볼 수 있을까?
또 만나 볼 수 있을까?
또 해 볼 수 있을까?

늙어 가면,
속력도 줄고
오줌 사정거리도 줄고
머리카락 수도 줄고.

그러나 섭섭한 것 만은 아니지.
새로운 계획을 준비하고
이게 마지막이겠지 하며
성공을 향해 더 힘차게 전진하니.

얼핏
상문이가 주저앉아 눈물 흘리던 모습.
크나 큰 성공을 위해 전진하려는 마음새.

나도 그 마음새로 새해를 맞는다.
한 살 더 먹는 거 마음에 두지 말고.
우리 모두 그 마음새로 새해를 맞자.

한 친절 두 친절

뻐쓰 타려는 데
두 할머니가 내리신다.
둘 다 걷기가 불편하신 분들.
손잡아드리고
부축해드리고
길에 내려드리고
뻐쓰에 오르니
운전수, 표 구멍 손으로 가리고
요금 안받는다.
한 친절 두 친절.

손녀 성화 Evelyn 한테서

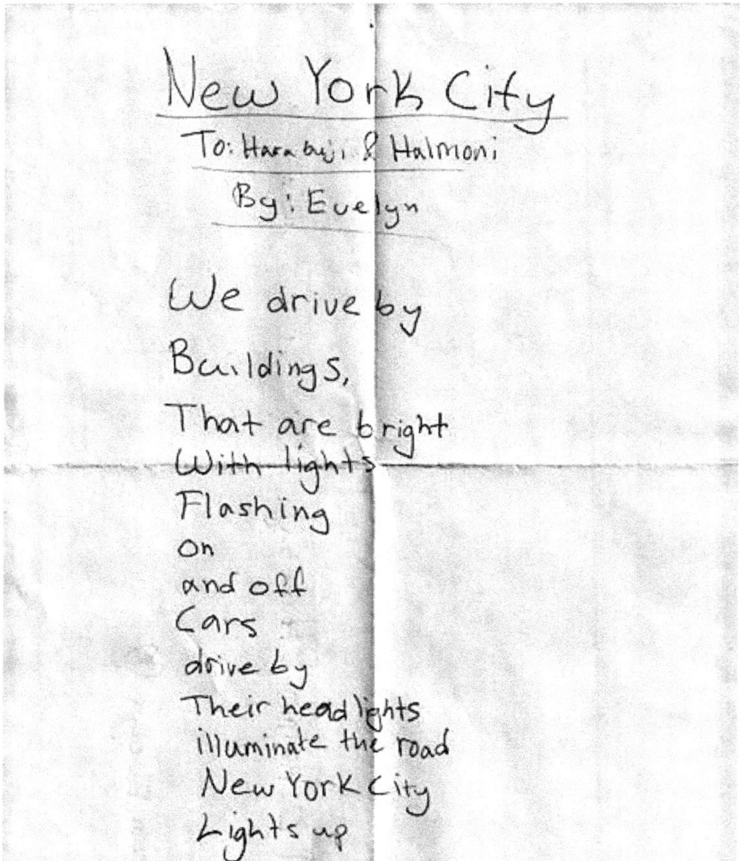

New York City

To: Harabuji & Halmoni
By: Evelyn

We drive by
Buildings,
That are bright
With lights
Flashing
On
and off
Cars
drive by
Their headlights
illuminate the road
New York City
Lights up

EPILOGUE   El Condor de Huayna Picchu

The Lodge says they found one last minute ticket to Huayna Picchu.
I promise Changwha I would turn back if the going got too rough.
She doesn't believe me.
I am ready to climb.
An umbrella. A bottle of water and a few candies.
I'm at the gate.
Something's wrong. People look like they are ready to climb the Himalayas.

Climbing is treacherous, mystic, and beautiful.
Halfway up the climb, my legs are getting wobbly, mystic is turning into misery.
Continuing on.
Now resting every few minutes.
Just below the summit.
The view is timeless. Snow covered Mt. Veronica, the Urubamba turning to the other side of Machu Picchu, Like the other side of the moon.
More steps and a tunnel, more like a crawl space.
I am here! The summit at last! I did it!

Descent is trickier. One slip you go down a mile.
A young couple keeps me within their sight, never too far.
Now the final climb before me, to get back to Machu Picchu.
But I cannot do it. Nothing left.
I look down the valley and see the river.
I am calling the condors.
"Please come and lift me up. Drop me in the river.
What more is there left in life?"

An Australian couple from last night cheer me on.
"Splendid walk!" They must have gone to a different mountain.
Take a deep breath. Let's finish like a man. Yes!
I am at the gate. People are congratulating me.
Well done! Was it hard?
With an umbrella like an English gentleman!
No 70-year-old today, no last month.
A record!

Call me El Condor de Huayna Picchu.

저자 소개

경기고 졸업후 1965 년 연세대 사학과를 마치고 일찌기 유럽과 이집트 여행을 시작한 구성열 시인은 서울대 미대를 졸업한 김창화와 1974 년 뉴욕에서 결혼, 딸 둘과 손자 하나, 손녀 셋을 두고, 버몬트 주에서 거주하고 있다. 뉴욕 메트로폴리탄 박물관에서 한국어 안내 프로그램을 시작하여 30 여년을 봉사해온 부인과 함께 인류문화 답사여행을 꾸준히 하면서 틈틈히 스켓치하고 시를 써왔다.

1963-65 한국 유엔학생협회를 이끌었으며, 미국에서는 한인으로서 처음 뉴욕에서 컴퓨터 소프트웨어 회사를 시작해 현재는 자동 서명확인과 금융사기방지 시스템을 개발하여 미국 은행들에게 제공하고 있다. 최근 뜻한 바 있어 6.25 Foundation 을 설립하여 6.25 로 전사한 미군들에게 보은을 하며 후세의 바른 역사관 교육에 도움되는 역활을 시작하였다.

시를 쓰기 시작한 것은 2014 년 프랑스 여행 중 '염라대왕' 시로 시작해 짧은 이야기와 여행기를 즐겨 쓰며, 항상 2 분내에 끝내는 스켓치도 즐긴다.

걸음은 더뎌 지는데
밤낮은 빨리 오네
남길 이름 없고
두고 갈 가죽도 없네
염라대왕 부르시면
추억이나 들구 갈 터

부부의 여행은 종교들의 자취와 순례의 길, 고대문명 발상지 및 무역로들을 따라 Silk Road, 지중해 나라들, 나일강 근원지, 예수님의 자취를 따랐다. 부부가 재단일로 미대륙의 구석구석을 다니며, 구 시인은 종종 부인 창화씨가 한국여자 중에서 동서고금을 드나드는 가장 길고도 다양한 여행을 했으리라 장담한다.

구 시인은 나이 73 살 때 노인 지팡이에 의존해 킬리만자로 정상까지 등정을 마치고, 우산 하나 들고 가파른 마추피추 옆 와이나피츄를 올라간 좀 둔한 사람이기도 하다.

Road to Dunhuang, April 26, 2011

구성열의 시 모음
POEMS
By Sungyull Koo

"뽈레 뽈레 III"
Copyright © 2020 by Sungyull Koo

Monument Valley 10.22.2021

www.ingramcontent.com/pod-product-compliance
Lightning Source LLC
Chambersburg PA
CBHW070339120526
44590CB00017B/2946